Vacaciones

Adriana Bañares

Maclein *y* Parker

PRIMERA EDICIÓN: mayo 2024

© **DEL TEXTO:** Adriana Bañares, 2024

© **DE LA EDICIÓN:** Maclein y Parker, 2024
Pasaje Lagunas de Ruidera, 6
41701 Dos Hermanas, Sevilla
www.macleinyparker.com

EDICIÓN Y CORRECCIÓN: Maclein y Parker

DISEÑO COLECCIÓN Y MAQUETACIÓN: Antonio Abad (Maclein y Parker)

IMPRESIÓN: Estilo Estugraf Impresores, S.L.
Impreso en España / *Printed in Spain*

ISBN: 978-84-126927-5-4
DEPÓSITO LEGAL: SE-1256-2024

FSC
www.fsc.org
MIXTO
Papel procedente de
fuentes responsables
FSC® C107210

No permitirán que olvides el camino
                              de vuelta a casa.

Como yo aprendí a olvidar a andar
                              en bici.

Como yo aprendí a olvidar.

La Tierra giraba. Era simple la lección.

                              Los planetas.
                              El espacio que ocupamos
aquí.

                    Este lugar era todo.
                    Territorio inexplorado.
Subíamos a las bicis con la seguridad de que siempre
estaría el camino de regreso por la carretera.
Aquella libertad me enseñó la verdad:
el miedo a olvidar el camino de vuelta a dónde.

Escuchamos un «me has roto el corazón» muy lejano
y muy arriba.

Una mujer nos observa desde el balcón del último piso
y la luna llena aparece como
sinónimo de algo.
La lección era sencilla.
                Los planetas.
                Las estrellas.
                El espacio que ocupamos
aquí.

En nuestra casa y para siempre.

Volver siempre por el camino más corto.
Volver antes de que anochezca.
Parecía tan sencillo acatar siempre la lección.
La mujer nos dice:
                «conocí a seis de ellos»
y el seis parece querer significar algo.

El agua fue principio de todo, pienso, pero no lo digo
en voz alta.
Pienso.
        Pero apenas hablo en voz alta.

Vacaciones

Nada nunca, nada nunca.
Decir
era lo más difícil.
Decir
era.
Intento comprender hoy si no hablar entonces
significaba algo o si a veces el comportamiento no
tiene sentido,
como las cosas que se dicen o se dejaron sin decir.
Qué insignificancia tienen.
Por qué habrían de significar algo.

Percibo el movimiento de la Tierra
dentro de mí.
Un antiguo reloj de arena en mis entrañas.
Se agrieta el cristal.
Se agrieta el cristal.

Había algo radical en andar en bici y volar así.
Y decir «esto es aire».
Esto es el cielo.

Mi mano planeaba por el espacio y decía
«el cielo es esto».
Mi hijo observa los insectos que caen.
La tarde se volvió naranja de repente.
Era aquí también.
Era así también
cuando.

Tú también llegarás aquí a pensar en esto, y encontrarás
el momento de olvidar mientras juegas o sales de fiesta
o piensas qué vas a estudiar, qué será tu vida y cómo.

Soñé que podría salvarte y durante el sueño supe que estaba soñando, que no podía salvarte, pero por si acaso significara algo, corrí a una velocidad imposible y llegué a la plaza.
El sueño se volvió negro de repente.

El viento me levantó del suelo y yo grité y pataleé y quise bajar y correr hacia dónde para salvarte.
Pero no pude.

Me miré las manos y se deformaron como si fueran plastilina.
Ojalá me atreviera a mentir para escribir que no le tengo miedo a nada.
Para poder ser el lugar al que puedas volver siempre que necesites refugio.

Pero escribo sobre un sueño del que me desperté de repente y no sabría darle un final.

La mujer del balcón nos dijo que el agua era el principio de todo.

La tarde se volvió naranja de repente.

La avispa seca sus alas en mis manos.

Intenté salvar de su trampa a una mosca y el resultado
fue terrible. La araña se quedó sin tela y sin comida.
La mosca salió mutilada. Una pata en la red.

Mi hijo se despierta de la siesta asustado y le pregunto
qué ha soñado.
Mueve los dedos de la mano como si fueran las patas
de una araña.

Elegimos otro camino y es igual: el pasado nos
encuentra al final de la calle.

¿Es posible que yo me quedara ahí?

¿Que todo este tiempo, mi hijo, todas

y cada una de las personas que he conocido, las casas
en las que he vivido, los trabajos, todo, hayan sido
solo un espejismo?
Porque la gente parece distinta y habla como si no
quedara nada de los ellos de entonces.
Su voz suena tan diferente,
con un ritmo desconocido.

Entonan la canción tribal de una comunidad a la que
no pertenezco, pero.
Estoy a punto de llorar y no lo hago.
Somos las adultas aquí.

Abrazo a mi hijo. Le acabo de decir que *este* fue mi
colegio.
Le quiero enseñar por dónde paseaba en bici cuando
podíamos perdernos con la seguridad de saber siempre
dónde quedaba la carretera.
El camino más sencillo, la línea recta.

¿Paseas en bici aún?
¿Siguen trazados los mismos caminos en la tierra?

El camino secreto que baja de la ermita a dónde
ahora está al descubierto y al alcance.

Una barandilla soporta las manos de una curiosidad
cauta.
La vida era aquello. Rozamos la eternidad tiradas en
la hierba. Mirábamos el cielo y una angustia feroz me
abrazaba tan fuerte mientras me reía a carcajadas.
Era todo más sencillo y terrible.
El cielo es *esto*.

Mi hijo mueve las manos como si fuera una araña,
ha descubierto en el jardín el cadáver de un polluelo.

Es imposible escapar de la muerte aquí,

pero es una lección que dejaré para más adelante.

El exoesqueleto de un insecto flota en la piscina.
Lo recojo creyendo que es el insecto y la textura es
blanda. Se deshace en mi mano.
El agua es el principio.
Ponemos un candado a la manguera para que no la
abra el niño.

                    Para que no la malgaste.

Mi amiga de la infancia dónde está.

Quién es esta mujer que me reconoce de algo y dice
hacía muchísimo que no nos veíamos.
Qué rizos tiene el niño. Tú lo tenías así también, ¿verdad?
Como si ahora mi pelo fuera siempre este moño
deshecho. Mi ropa, siempre este vestido de verano
manchado de comida del niño. Mi cara, siempre estos
ojos a punto de llorar.
Disfrazo el silencio de mi hijo en timidez para evitar
hablar sobre el hecho de que mi hijo no.
Ella no lloraría delante de los niños porque es una
adulta sin pasado para ellos.
Pero yo tengo esta maldición.
Por más que me aleje,
                                    la infancia me arrastra de
                                    nuevo a su terreno y aquí sigo,

aquí estoy.

El timbre de mi voz es insoportable en imperativo.

Los niños que mandan son ridículos o repelentes.

Yo también tendría que aprender a expresarme en lengua de signos o cortarme la lengua o la garganta o morirme.

Dejaría el camisón de mi abuela que visto para estar aquí, con el que me disfrazo de fantasma, flotando en la piscina como el exoesqueleto que ni siquiera me pertenece.

Nada aquí me pertenece.

La antena del tejado baila como un esqueleto también.
Baila.

¿Cuánto hace que no monto en bici?
¿Cuánto hace que no siento aquella libertad?

Cuando vivía aquí sentía que la vida no era real.

Me costaba entender que estuviera *realmente* viva.
A pesar de experimentar grandes emociones, siempre
estaba en letargo.
Mi cuerpo estaba *aquí*. Pero podría ser cualquier
persona. Mis manos,
garras mecánicas.
Todo mi cuerpo, un mecanismo para seguir a dónde.
Qué uso darle. Qué necesidad.

Volvió esa luz naranja ayer. Esa luz que no es una luz,
es algo mucho más profundo.
Volvió
esa luz de camino a casa.
Miré a mi hijo y le apreté más fuerte la mano y no
dije *esto es real. Estamos aquí. Somos.*

Y paramos en un parque. La urgencia era solo parar en
el parque y jugar un poco, volver a casa y desviarnos.

Me desvié yo porque no quería entrar aún en casa.
No quería entrar aún en esa casa grande y vacía, y
pienso, para tranquilizarme, que nadie
murió aquí, ¿no?
¿O vuelven los fantasmas a sus casas?

Pero noto la energía que abraza con frío y que
mantiene en mi cabeza un zumbido constante.
Este ruido que no se va nunca. Pongo música para no
escuchar el silencio, pero es igual.
La tristeza está mucho más adentro.

Bajamos por la calle del colegio. *A este colegio vino mamá.*
Al final del patio veo aparecer un gato blanco que
parece enorme,
un tigre que ha perdido la orientación y aparece bajo
una luz naranja en el patio de un colegio cerrado por
vacaciones.
Es verano. Y está este calor de domingo.

Cuando no había parques dejaban la verja del patio
abierta, y los domingos por las tardes podíamos jugar
aquí.
Los gatos están a salvo ahora.
La perspectiva falla.
Lo llamo. Enseño al niño a llamar a los gatos. Mis
amigas decían que tenía un don o que estaba maldita.
Se me acercan los animales.

Se acerca el gato.

La perspectiva falla.

A medida que se va acercando, se va haciendo más pequeño.
Tiene los ojos muy azules y podría ser muy blanco, como cuando lo vi de lejos.
Imperial tigre blanco.
Pero *aquí* está. Ante nosotros. Pelado por la tiña. Sucio. Casi gris.
Pero en sus ojos no hay mancha. Nos mira.
Una luz azul baña este pequeño tramo de calle. *Esto es cielo.* Mis manos, garras mecánicas. Las manos pequeñas de mi hijo dentro de la verja, imitando mi gesto, para llamar al gato. *Esto es real,* me digo. El gato se va fuera del colegio.

Estar aquí es contener el llanto constantemente.
No está bien visto llorar en la calle.
Las niñas del pueblo no lloran.

Una lagartija muerta detrás del sofá.

Mi hijo entiende que tenemos que enterrarla.
Como al polluelo.
Cree que así podrán encontrarla su papá y su mamá.

¿Te entenderá el resto como yo te entiendo?
¿Aprenderás a hablar como ellos?
¿Serás como ellos?

Las niñas que yo conocí en mi niñez arrancaban con sus dedos finísimos las alas de las mariquitas y no pensaban que eso pudiera doler.
Ni que importara lo más mínimo.

Las niñas que conocí en mi infancia, buenas adultas ahora, buenas madres que no descuidan como yo las meriendas de sus hijos.
Buenas madres de hijos que hablan.

Buenas madres de hijos que dejaron de usar pañal.
Buenas adultas que tuvieron sus grandes días de boda.
Que aún conservan las amistades de la infancia.
Que conocen bien el protocolo de la vida social en el pueblo:
saludar a todo el mundo. Fingir interés.
Hablar en voz baja.

Mi hijo ha aprendido bien a no hacer daño a los insectos.

Los observa y los deja ir. Dice adiós con la mano y dice papá y mamá. Según él, todos los insectos van a buscar a su papá y a su mamá.
Las niñas que conocí no.

Las niñas que conocí arrancaban las alas a los bichos que no sangran. A los bichos que no gritan.
A los bichos que no sangran.
A los bichos que no gritan.
Las niñas que conocí en la infancia no entendían todo lo que podía contener el silencio.
Cuánto hablaban las niñas para lo bien aprendida que tenían todas ellas la lección de la prudencia.
Y yo no.

Y tampoco yo sé hoy qué había en ese silencio de aquella niña que encuentro tan cerca,

                                sin embargo.

Quién era yo:
la niña que no hablaba.
Era tímida.

                        Muy tímida.

                                Aún lo digo.

                                      Soy tímida.

Nadie entendía,
como temo que nadie entienda
al niño que se expresa con las manos y dice adiós a los insectos.

Una pata de araña emerge del plato. Marrón. Con puntos que marcan la articulación. Una pata enorme que podría doblarse en mil modos. Está aquí. Sola. Ha caído en mi plato. Hay otras cosas similares que no parecen dar asco. Los bigotes de los langostinos en el plato de paella, se me ocurre.

Reconozco la pata de la araña. Es de la que estaba en. Se lo reprocho a mi madre. Por qué la habéis (¿o la ha? No recuerdo si hablaba en plural en el sueño) matado.

Es hipócrita mi comportamiento en el sueño.

Mi comportamiento es hipócrita.

Yo no me atrevo a acercarme a las arañas.

No me atrevo a retirarlas porque no me atrevo ni siquiera a acercarme a ellas. Si se están moviendo, no soporto verlas.

Mi hijo me llamó la otra noche para enseñarme una en el salón y me dijo «a papá, a mamá». Y yo le dije que las arañas vivían solas, sin papá y sin mamá.

Si entra alguna en la habitación, saldré de ahí mientras mi madre entra a matarla.

Mientras estamos solos, aprendo a convivir con ellas.

Mi hijo no ha adquirido mi fobia. Espero no cedérsela nunca.

Un majestuoso *husky* se acerca a la verja con tranquilidad.
Un *husky* solo

> encerrado en un terreno estéril.
> Solos él y el vehículo de construcción
> por el que se ha acercado mi hijo
> a la verja.

> Mi hijo, por el que el *husky* viene acercándose
> a la verja
> y le mira a los ojos.

No hay sonido.
La inmensidad que traen sus ojos azules remite a toda la eternidad del cielo,
al principio de todo:

> el agua,
>
> el mar

en sus ojos.

Mira de frente a mi hijo detrás de una verja muy bien reforzada.
Muy bien construida la jaula. Muy bien protegida la obra.

Mi hijo dice adiós al *husky*
y toda la soledad del mundo cae sobre el final de esta
tarde naranja.
¿Estamos *aquí*?
Aprieto su mano.

«vallas de piedra contra el mar ondeante»
(WILLIAM BLAKE, *MILTON*, 1804)

No se escuchan los cascos del caballo que me acercaban a la ventana.

Los caballos aparecen bajo el mirador, lejos y bien recogidos en una finca privada.

La libertad era una muchacha montada en su caballo.

Ya no se escuchan los cascos bajo la ventana.

Se escucha el ruido de una moto que no consigue arrancar.

Miramos por la ventana. Cuando desaparecen, por fin, el chico y la moto, desaparece también el interés de mi hijo.

La persiana de una fábrica tiembla provocando un
ruido inquietante en medio de un paisaje
que parece abandonado.
Imagino que alguien nos llama desde dentro.

Somos esos estúpidos que pudieron salvar a la víctima
en la película de terror y no.
Volvieron al coche. Volvimos. Y nos vio alejarnos. Nos
alejamos.

¿Duermen las arañas boca abajo?
¿Son las lámparas del salón, la lámpara de la habitación, arañas dormidas?

La antena baila en el tejado.
Nunca hemos subido al ático. Una trampilla en el baño. Una puerta que nunca cruzamos.

Las miramos tan de cerca que las aplastamos con el visor del microscopio infantil.

Fuimos tan ingenuas y yo me sentía tan libre.

Era la época que nunca existe. Otoño.

El primer trimestre.

En junio nadie recuerda el comienzo.

La ubicación provisional, el tambaleo.

Aprendimos que las ranas no sobreviven al agua de la piscina. Aprendimos que también ellas necesitaban tierra.

En la época que no existe. Nadie se atrevería a morir en un mes que cuesta recordar. Quién se atrevería a sellar una amistad eterna a finales de septiembre.

Quién podría creer que aquella fantasía de libertad duraría más.

Y cuando nos volvimos a encontrar, quiénes éramos y qué esperábamos ser la una para la otra.

Tú creíste que todo esto valdría para algo.

Te regalé el cuaderno en el que escribía mis sueños.

¿Recuerdas el cuaderno? ¿Lo conservas?

¿Recuerdas el sonido del visor sobre el vientre blando de la rana?

Las cartas de amor que te escribían los chicos. Lo imposible que me parecía llegar a parecerme un poquito a ti.

El azul pálido casi gris que cubría todo, el sabor a tierra y el agua de la piscina helada.

Un sapo sobrevivió a aquella temporada y nadaba boca arriba en la piscina.

Los cascos del caballo sobre el suelo mojado.

La lluvia aquí siempre es sucia.
La lluvia aquí siempre.
El pelo de mis muñecas siempre enredado,
cubierto de tierra,
sucio,
      áspero,
  azul pálido casi gris.

El cielo de octubre. Las muñecas en el almacén. Las muñecas recogidas en la cesta de unas navidades muy antiguas. Las arañas asomando sus patas para decir que una misma también puede ser el refugio donde guarecerse.

                    Los cascos del caballo.

Basta con contener el llanto hasta la asfixia.

Bajo las piedras del jardín, arañitas negras.
En la fregadera del jardín, arañas marrones.

En el cuartito donde jugábamos vi una araña negra
con el cuerpo triangular como si caminara
agachada o viniera aplastada de algún sitio.
Una especie que no volvería a ver jamás nunca.
En el almacén, arañones.
Agujas en todas las esquinas. Agujas en todos los
techos de todas las habitaciones.
Agujas en mi garganta.
Mi voz aguda bien cerrada, la boca siempre
en silencio. Mi voz en las muñecas.
Tenía historias tristes. La mirada triste. La sonrisa
queriendo decir: *por favor,*
que no termine nunca este azul pálido casi gris.

Una guadaña sigue el camino recto de la carretera a lomos de un ciclista jubilado.

El mar se ha destapado deprisa y cientos de salpas
muertas nos esperan en la arena.
Las niñas atrapan cangrejos en sus cubos de plástico.
Tengo el pelo seco de las muñecas sucias en el patio.
El pelo enredado y áspero
de las muñecas siempre sucias de mi patio.
Nosotros observamos.

Mi hijo recoge un cangrejo muerto y lo devuelve al
mar.
A donde cree que pertenece.

Una mujer en bañador negro.
El pelo largo y rubio.
Un bolso de noche negro, pequeño.

Se acerca a la orilla para buscar a sus hijos.

En qué idioma habla ella. En qué idioma piensa.
Qué idioma hablan sus niños.
En qué idioma hablaríamos entre nosotras.

Me tocaría el pelo seco de muñeca sucia vieja enredado áspero de muñeca sucia vieja.
Me tocaría el pelo en qué idioma. Haría falta entendernos para qué.
Una casa enorme a la entrada de un pueblo que pasamos con el coche lleva por nombre La Soledad.

Las sirenas desaparecen con los barcos al pasar la línea del horizonte.

El final de las vacaciones también es un precipicio.

Un gato negro en medio de un campo seco, como tú caminando por la arena en marea baja hacia la orilla.

Un maullido en un idioma desconocido desaparece hacia la línea del horizonte.

Un muro que protege una casa grande que se llama La Soledad.

Un muro más sencillo levanta mi hijo en la playa para contener el agua.

Entiendo muy bien que esto no permanece.

Entiendo muy bien que es mucho más fácil deshacer que construir.

Una minúscula araña negra se posó en mi mano y la dejé en la arena.

En su camino dejó una estela de vidrio.

Las arañas, como las sirenas, no están diseñadas para caminar.

Si descubriera mi cuaderno la mujer que arregla la habitación,

si leyera este cuaderno de tachones, errores y dibujos
sin sentido,
flores de un hábitat
imposible, arañas

que tropiezan en la arena.

Mala madre.

Una ola emerge en el centro del marco que abarca
mi vista.

El espacio que ocupamos *aquí*
mientras el mundo se acaba.

En la tele de la habitación dicen que una niña de doce
años ha escapado de su secuestrador
mordiendo las cuerdas que la sujetaban. Se ha roto
los *brackets* en el proceso.
Se preveía que un cohete chino cayera cerca, pero no
pasó, o no nos dimos cuenta.
Una niña logró escapar en pleno agosto.
Las olas del mar nos devolvieron a la orilla.

Un cangrejo subió la presa que construyó mi hijo.
Lo toqué para salvarlo del derrumbe y vi el parecido
con la araña.
Por qué el miedo no existía *aquí*.

¿De dónde viene el mío? Mi miedo, de dónde viene.
Cuándo empecé a temer a las arañas,
por qué a ellas y no a otro animal, por qué.
Por qué la ternura.

Una profesora recuerda a una alumna que, en una excursión, hace más de veinte años, veía unas escaleras mecánicas por primera vez.
Mi hijo me pide que lo coja en brazos para subir.
Compro cargas para la cámara y nos hacemos fotos en un fotomatón.
Es el mismo centro comercial.

Aún me da vergüenza recordar que me dejé la compra allí.
Sigo siendo la niña despistada y torpe.
Sí, subía y bajaba las escaleras sin miedo.

Mi miedo estaba en los espacios pequeños. En los espacios cerrados. Los ascensores, el pueblo, el espacio que ocupamos
aquí.

Territorio inexplorado.

Sihara Nuño se pregunta por el olor del espacio en su nuevo libro de aforismos.
Hoy el mar no huele a nada.
Confundo las palabras en mi precipitación por nombrarlo todo para mi hijo y digo «arena» donde debí decir «toalla».

    No manches la arena.

¿A qué huele el espacio?
El olor de mi infancia no era agradable muchas veces.
El anochecer en el pueblo con el olor de la fábrica de grasa animal.

El camión que transporta los cerdos al matadero pasa por la calzada que rodea nuestro patio, muy pegado a la verja, y todo el jardín se anticipa a la muerte.
Mi hijo se tapa la nariz.
Mi madre dice no oler nada.

Recuerdo un sueño que tuve entonces.
La profesora decía que el aula olía a carnoso.

La piel de los alumnos era blanda y rosa, como si estuviera cocida. Era imposible desprenderse del olor.

Un poema de Ale Oseguera habla del delicioso olor
de la carne asada y de la peste del animal
sacrificado.

Lo recuerdo al pasar por las puertas de las carnicerías.

El olor del cuerpo sacrificado.

Un bocado a la carne infantil descubrirá un interior
rosa
sin sangre ni hueso.

Vemos amanecer desde el coche.

La línea del horizonte arde y la mañana es tan naranja
que el sol parece emerger de la tierra.
Apenas hay mar en el camino de vuelta.
Le explico a mi hijo que estamos dentro de una
montaña cuando cruzamos un túnel larguísimo y me
descubro volviendo al pueblo por la carretera:
tan rápido, tan fácil
y tan peligroso.
Con sus manos dibuja un triángulo primero
                              y un círculo después.

Cuando llegamos al pueblo, nos recibe el olor a carne
asada.

A veces dudo del color de los ojos de mi hijo. La fecha de su nacimiento. Si ese lunar es nuevo o estaba ya ahí.
Pero reconozco su voz, su llanto,
comprendo sus gestos y su pequeño y torpe vocabulario.
Dice «agua», «sol», «luna» y «espuma».

La mujer del bolso de noche en la orilla del mar buscando a sus hijos. ¿Era yo?

¿A dónde irías tú si se confirmara el fin del mundo y tuviéramos un día y una hora?

Una cita que marcar en el calendario junto a la revisión oftalmológica del niño (¿hemos llamado para confirmar?) y la peluquería.
Querríamos estar bien preparadas para el fin del mundo.
Que no nos encontrara con las raíces blancas.
El paso del tiempo permanecerá oculto el día en que el tiempo mismo desaparezca.

¿Iremos a la casa familiar a presenciar la última luz naranja
o iremos cerca del mar a buscar una respuesta cerca de la orilla, vestidas
        de fiesta,
como si celebráramos otro final,
        como si confiáramos en presenciar el principio de algo?

Impecables ante el mar, esperando una ola que nos tirara al suelo y nos arrastrara por la arena hasta enterrarnos.

¿Querríamos ver el final del mundo con nuestros hijos
y presenciar también sus muertes,
o terminar aquí,
                        solas,
                                escribiendo para nadie?

El calor se ha vuelto insoportable.
No hemos escuchado la tormenta.

Las calles amanecen mojadas, pero el calor permanece y llena todas las gargantas.

El otoño es imposible.

Mi hijo observa con la misma fascinación con la que observa a los insectos los vehículos de construcción.

Terminaron las obras de nuestra calle mientras estábamos de vacaciones.

Hemos vuelto a otro lugar.

Tu antiguo nombre se aparece entre mis cosas.
La sección de poesía de una librería de viejo también
guarda un nombre antiguo,
de alguien que dejó de ser
para ser otra.

Una sombra habita mi cuarto como una araña bien oculta.

El mundo se derrumba y yo pienso en un nombre.

Mi propia identidad se oculta en mi cuarto como una sombra.

Una lagartija pequeña se esconde detrás del marco de la puerta.

Nunca pensé que hubiera un hueco suficiente.

Llamamos a las arañas más comunes que aparecen en la casa *arañones*.

Descubro que también se las conoce como arañas tigre, o arañas calavera.

Mi hijo encuentra una pegada como un chicle debajo de la silla del colegio para evitar el castigo del profesor.

Está oculta debajo de su taburete y me pide que la quite.

Dejamos la araña sobre el seto que cerca el jardín y descubro la verdad sobre su dificultad para caminar.

La encuentro vulnerable y creo poder vencer la aracnofobia hoy.

Creo.

Recoge sus patas y se queda quieta entre las hojitas del seto.

Un ovillo de hilo plateado finísimo.

Este depredador asustado es entonces.

Un ovillo de alambre en el boj que cerca el jardín, monedas antiguas, restos de una comida familiar. Las historias se conforman siempre sobre los mismos recuerdos. Las anécdotas tienden a perder su gracia. Aparece un parque viejo detrás de un edificio de un barrio que apenas conozco. La maleza llega casi a los asientos del columpio. Deduzco que esta debe de ser la parte más vieja del pueblo.

Del pueblo mío, que siempre se remonta a los mismos recuerdos recientes,

pero desconocemos su *historia*.

En el matadero construyeron un albergue juvenil.

Mi hijo viene a mi lado y finge que me come.

Ñan ñam ñan.
Bocaditos de mamá.

Si me mordiera,
        mi carne se presentaría como la de mi sueño.

Nada dentro que demuestre que estoy viva.
Una masita rosa y uniforme.
Este espacio tampoco tendría olor, sin embargo.
Una sensación de frío en la nariz.

Mi bici se oxida en el patio interior de mi madre.
Decido devolverla al pueblo.

Referirse a la sed
nombrar
        el agua buscar
la tierra
        mojarse las manos
hundir
        la palabra
                        muy dentro
de la boca
        en la garganta
                        no dejarla salir

proteger la palabra
como un tesoro
enterrarla
        bien dentro
                en el núcleo de la tierra.

En el fondo del mar hay un cofre
enterrado
contiene un libro de sonidos de animales que viven
en la superficie.
Ningún pez escuchará el sonido
de los depredadores.

Están custodiados bajo tierra.
Ningún pez escuchará el sonido de los depredadores.

Aprendo a hablar un idioma desconocido:
      mi lengua materna.

Nombro cada palabra para hacerla real.
      Libro agua tierra casa
         familia
            trabajo
               tiempo.

Me detengo aquí.
      Tiempo.

Lo nombro, lo contengo, lo guardo también como a
un animal pequeño que necesita cobijo.

Pero es la cría de un depredador que crece deprisa.
Digo: *por favor, dime algo.*

Y de mi boca sale un puñado de tierra
un puñado de tierra
un puñado de arena gravilla
piedras.
Salen piedras de mi boca y las coloco en fila india
sobre un tatami de colores
y formas simples:
animales
que reconoces.

Depredadores que se expresan como tú.

Nombro los pedazos:
        canto granito mármol arenisca caliza.
Fuego.
Hormigón.

Recojo las piedras como si recogiera mi propio
cadáver.

Pregunto: ¿cuándo me vas a decir algo?
Y de mi boca sale agua estancada
agua dulce
algún insecto de río aparece
y cae ahogado sobre el tatami
y se convierte en una miga de pan (nombro: pan)
una miga de pan que recoges con tus manos pequeñas
y te la llevas a la boca
principio del universo:
todo se empieza a conocer por la boca.
Y me pregunto a qué sabrá
todo
lo que no me atrevería nunca a masticar.

Aprendo
que hablar también tiene que ver con esto.

Se hace tarde.
El tiempo es la cría de un depredador que crece muy
deprisa

y se congela el agua que sale de mi boca.
Cubre todo el suelo.
(Nombro: suelo
   parquet
   baldosa
como lo nombramos al elegir el suelo de nuestra
nueva casa. Aún sin poner, aún crudo, aún
   cemento
   arena
   polvo)

Cubre todo el suelo una capa gruesa de hielo.

Nombro: fuego
y se derrite el suelo que nos sostiene.

Nos quedamos sobre el tatami de colores y
   formas simples.
Animales
   que nombro con cautela.

Todas mis casas han tenido huéspedes invertebrados
sobre los que ha crecido una fobia y un
   respeto.
Intento también
que tú tampoco
dañes lo que temas.

Una avispa vuela bajo
mantiene el equilibrio en el aire.

Vuela bajo porque se acerca a ti.

Nombro: avispa.
Habría de nombrar algo para protegerte.
Habría de nombrar algo para salvarme.
Pero digo avispa, abro la ventana.

Digo: háblame
un poquito. ¿Quién soy yo?
Y de mi boca sale aire, solo aire, una brisa que empieza
suave y se lleva las cenizas de todo lo que he arrasado
con mis palabras antes, cuando
hablar
nombrar
decir
parecía tan sencillo.

Trato de acunar el tiempo entre mis manos. Pero es
cada vez más difícil contener a la cría de
un depredador
que crece tan deprisa.
De mi boca sale aire.
Nombro: aire.
Y no digo nada.
Comprendo:
Soy yo quien está aprendiendo a hablar
mi lengua materna.

¿Sabías que podrían verse con tanta claridad los pedazos que conformarán qué? La luna tiene una dimensión inmensa y apenas está anocheciendo, apenas unos días más para la luna llena. Dices que esto parece un paisaje lunar y entiendo entonces que aquello de allí arriba es otra cosa. Así se verá la Tierra desde otra tierra, así se verá incompleta. En ese pedacito que no vemos, qué. La cola del vestido de novia arrastra gravilla y levanta un polvo gris que parece una metáfora de algo. ¿Ves esto?

¿Ves la increíble soledad que planea sobre todo este escenario que se ha construido para qué? Las hermanas lloran en el altar dando una bienvenida orquestada y la única autenticidad habita en la mención de la ausencia. La pared de la iglesia está repleta de pequeñas moscas que se alejan muy poco, imantadas al cemento. Se alejan muy poco y regresan a la piedra, cuando paso mis dedos cerca.

Estamos todos llorando qué.

La cola del vestido de la novia arrastra gravilla y levanta un polvo gris que parece una metáfora de esto. Los ojos se posan en lo evidente y olvidamos el agua estancada en medio de la nada . El reflejo de la luna que parece acercarse, el camión que transporta qué.

El novio dice *fíjate en mis manos acariciándole la espalda* y la mano se mueve mecánica como un insecto imantado al cemento de la iglesia, se mueve por la tela blanca sin ninguna fluidez y yo me pregunto: ¿por qué no subes hacia la espalda abierta? ¿Por qué no le tocas la piel? Y lo pienso y no lo digo en voz alta porque ese no es mi trabajo y qué hago yo aquí. Observo el paisaje lunar. La cerveza caliente. Me he dejado la pegatina con el precio en la suela de mis zapatos y no voy a hacer por arrancarla. El agua del depósito tan tensa. ¿Has visto que no hay animales cerca? Te esperé ayer en un parque mientras fotografiabas otra naturaleza muerta. ¿Lo percibes así? ¿Sabéis quienes miráis cuánta soledad alberga la piedra?

En el parque, en la hierba, en la sombra, una abubilla sin cabeza, una abubilla completamente hueca. Multitud de insectos salían de su interior. Multitud. Las plumas intactas. Un despliegue de color en todo esto. También vi la luna tan inmensa entonces. Parecía acercarse.

El vestido de la novia arrastra gravilla y levanta un polvo gris. Se recogerá la cola para bailar. Una cuerda al final de la espalda del vestido sirve para eso.

La grieta que nace en mi frente, vertical.
La marca del producto a retirar, la falta
de fe, el miedo a ser yo o dejar de serlo, seguir el
camino,
vertical.
El final siempre lo marca el precipicio.

La grieta que cruza mi cuello.
Las líneas que atraviesan mi piel. El dibujo imborrable
de la uñita fina del gato. La uñita fina que no alcanza
a hacer sangre. La uñita fina, la voz fina, la voz
insoportable de la niña eterna, la herida eterna, la
grieta
que no termina nunca de cruzar la frente y partir la
casa en dos.
Los pilares que sostienen la casa familiar no permiten
el hueco, la casa
de las arañas.

El hilo fino de la red tan fácil de romper y, sin embargo.
El hilo de la red tan fácil de romper y, sin embargo.

La lagartija que atrapé y olvidé en el jarrón. Apareció
su esqueleto mucho después. Maldita torpeza, niña
despiste, cuánto daño.

El monstruo que soy, que hiere con un poder incontrolable.
Una araña asoma por la línea de agua de unos ojos muy pequeños.

En mi boca un acerico repleto de alfileres.

      Los labios chirrían. La puerta
que nunca debió ser abierta.

Cabeza animal, cuerpo mujer.
Idioma óxido.
Muñeca, monstruo, corazón.
Voz niña, lengua acerico
alfileres,
      línea de agua,
            araña.

Mujer avispero.
      Muñeca habitada.
Insectos en el plástico:
      usar, tirar, permanecer.
Recipiente niña monstruo mujer óxido.

La grieta que atraviesa mi frente, la fe
que se rompió cuándo y el ruido de mi cuerpo al caer
contra el espejo. La grieta
que me hizo simétrica y desencajada, la araña
      que tejió una red inútil y murió de hambre en
mi boca, dejó sus patas en mi garganta, alfileres.

La grieta
que se abrió en la casa y se abrió en la tierra y se abrió
en mi cuerpo, lugar de paso y no lugar, la nada.
La grieta
que vino a habitar en mí. La marca. Que vino a
habitar en mí. El miedo. Que vino a habitar en mí.

Estar callada era un poder que no supe apreciar.
El silencio se presentaba en la habitación como una
mampara gruesa de hielo y se acercaba más y más,
y no era lisa, no, no era lisa. La superficie venía a
pinchar con alfileres, como una dama de hierro
helada y bajo el hielo, el óxido, bajo el hielo, el
óxido.
Podía escuchar el chirrido acercarse,
como una puerta que no debió abrirse. Mi voz,
que nunca debió abrirse. Mi voz en la jaula de hielo
y óxido emitiendo a una frecuencia
insoportable.

Si el agua no es suficiente,
        tendré que llorar sangre y aguja.

El final siempre lo marca un precipicio.

El abismo al que cae mi cuerpo
        es un espejo infinito donde no consigo
        reflejarme.
La piscina en invierno tenía el mismo aspecto.

Los depredadores siempre ayudan a mantener el agua limpia. Así los zapateros cubrían la superficie clara mientras en el fondo crecía un manto de musgo verde y animales muertos.

El fantasma en la piscina
             como una Ofelia de imitación
                      en un mercadillo
                               de agua sucia.
El pelo de muñeca deshidratado, adornado con pulgón y hojitas secas.

Niña óxido manos frías soledad invierno.

El abismo al que cae mi cuerpo tampoco es un lugar al que pertenezca.

Mi tío dijo algo de saber el lugar que tenemos que ocupar. Y dijo algo de no comportarme como un niño tonto. Y a dónde iba a ir yo si no pertenecía a la casa de mi infancia. A dónde iba a ir yo, niña tonta, como un miembro de la familia fantasma, un miembro de la familia inútil e invisible, como una Ofelia de imitación en un mercadillo de agua sucia.

Tendré que llorar sangre y aguja, dar las gracias, pedir perdón, o encerrarme en un jarrón hasta morir de hambre y frío.

¿Pero no era el jarrón esta casa congelada, no era el jarrón, la jaula, la familia, esta manera imposible de despegarme del dolor y de seguir abriendo la puerta oxidada de mi boca para volver a emitir a una frecuencia aguda, equivocada e insoportable?

Un hombre cae.
Algo sucede de manera cotidiana.
El tiempo no se detiene.
El hielo dará paso al agua muy pronto.
Pasará.
Pero el dolor sí se mantiene.
El dolor sobrevive en nuestra sangre quieta.

Algo sucede y decido cambiar,
pensar
la idea estúpida de que la muerte
sirvió para algo,
significó algo.
Pero el dolor dice algo distinto.

No funciona la disculpa en el lenguaje oral de mi familia.
Un gesto, quizá:
las puertas bien abiertas,
pero el *no*.
Un hombre cae y decido ceder yo,
también,
al paso del tiempo,
la ausencia,

la culpa
y la sangre.
Pero no hay perdón.
No sabemos en la casa de quién ha de salir la disculpa.

El dolor nos habita, sin embargo.

El dolor nos habita y sobrevive
en la muda sangre que nos une.

¿Pero no era el jarrón esta casa congelada, no era
el jarrón, la jaula, la familia, esta manera imposible
de despegarme del dolor y de seguir abriendo la
puerta oxidada de mi boca para volver a emitir a una
frecuencia aguda, equivocada e insoportable?

La grieta que nace del borde del jarrón,
        la flor que murió en la porcelana,
la jaula fría y suave,
        como la carne
        limpia, suave y fría del animal
que vinimos a comer todos juntos,
                        en familia,
como la carne fría que desapareció
        mientras yo olvidaba que la vida cabía en un
        espacio tan pequeño.
                Que la crueldad cabía en un cuerpo
                tan pequeño.
                Que mi infancia se consumía en un
                pueblo tan pequeño,

la casa tan fría,
impenetrable. La isla en la que me
guardé cerrando mi boca de niña
insoportable.
La isla en la que se convirtió mi
cuerpo.
La grieta que nace en la boca del jarrón y descascarilla
el brillo y deja ver el barro áspero, la tierra seca, el
lenguaje estéril, el balbuceo.
La grieta que nace en mi frente
y cae
como una lágrima de ácido y me abre
dejando ver el hueco
en el que habitan las arañas.
Cabeza animal cuerpo mujer.
Idioma óxido.
Muñeca monstruo corazón.
Voz niña, lengua acerico
alfileres
línea de agua
araña.

Mujer telaraña.
Muñeca habitada.
Insectos en el plástico:
usar, tirar, permanecer.
Recipiente niña monstruo mujer óxido.

Abro el armario cerrado para buscar la disculpa y en
su lugar encuentro un álbum fragmentado que ofrece

una imagen de mí totalmente irreal.

Lo que recibe el mundo de mí es una estafa
        y se cae el café sobre las fotos.

Los recuerdos son más honestos ahora que están
sucios.

Cruzo con la uña la grieta que nace en mi frente y
sello
con la señal de una fe que nunca tuve
una herida que tiende a abrirse cada vez que escribo.
Estar callada era un poder que no supe apreciar.

Guardaba la palabra *sangre*, guardaba la palabra *aguja*
muy dentro de la garganta para dar mi versión:
niña silencio, mujer óxido,
        nada nadie silencio y agua araña la palabra
        impronunciable.

Índice

And if you wait until you're older
A sad resentment will smolder one day
And then that summer feeling's gonna haunt you
And that summer feeling's gonna taunt you
And then that summer feelin' is gonna hurt you one day in your life

That Summer Feeling, Jonathan Richman

Mayo | 2024 | Sevilla

ISBN 978-84-126927-5-4